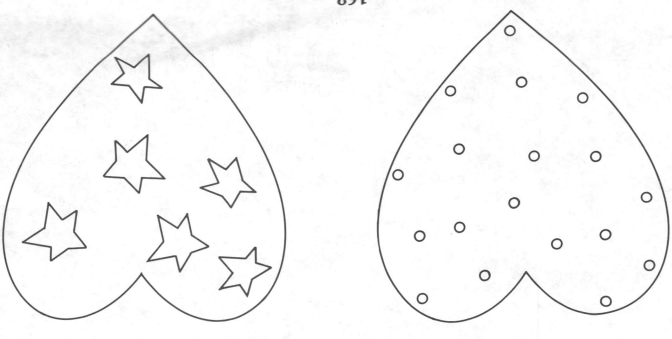

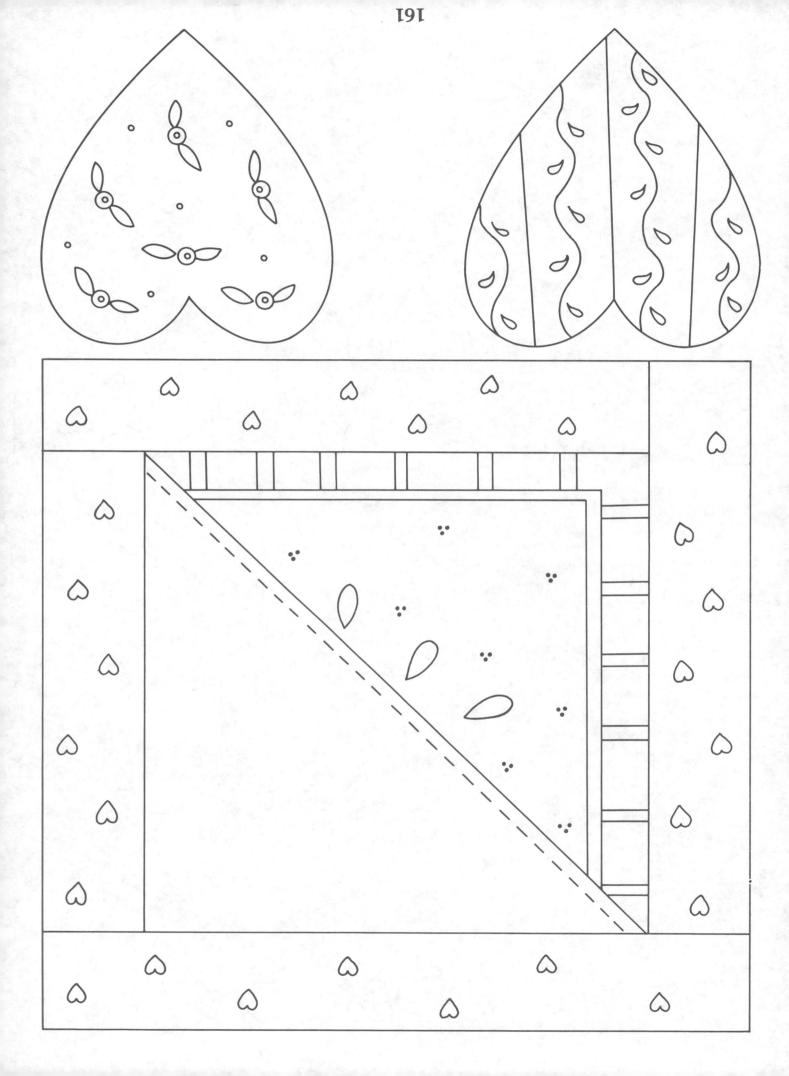

SUNFLOWER

SEEDS

Test Transfer

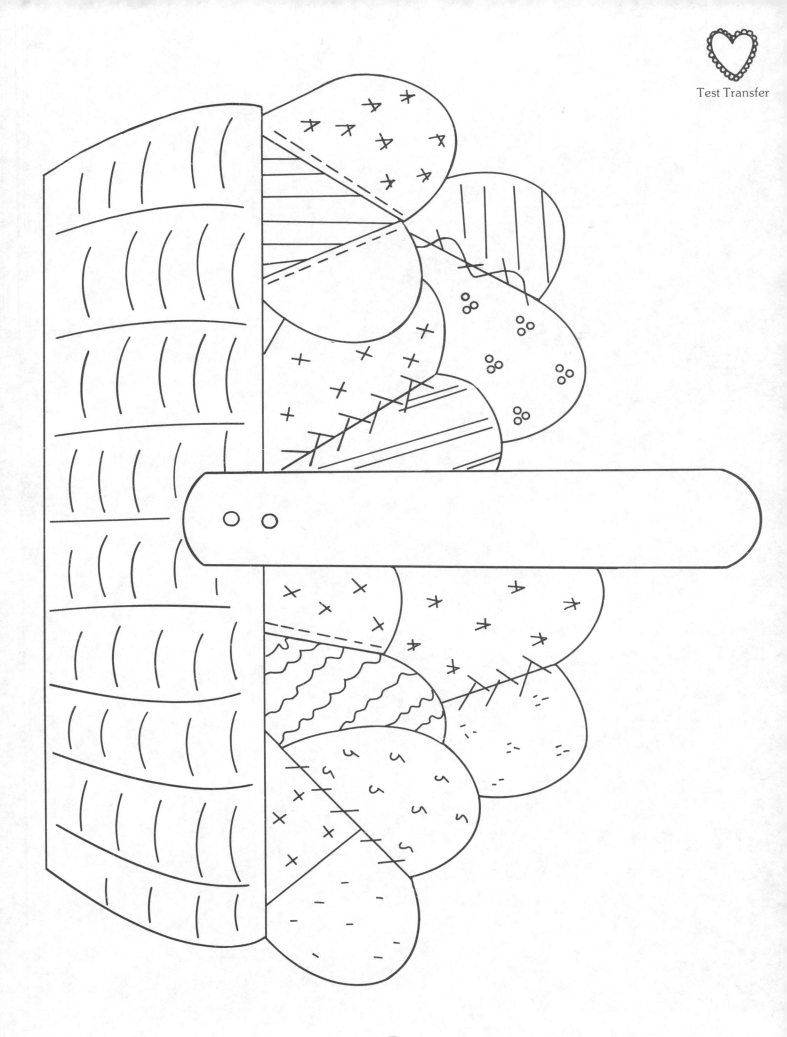

Test Transfer

Test Transfer

11

Test Transfer

Test Transfer

Test Transfer

Test Transfer

23

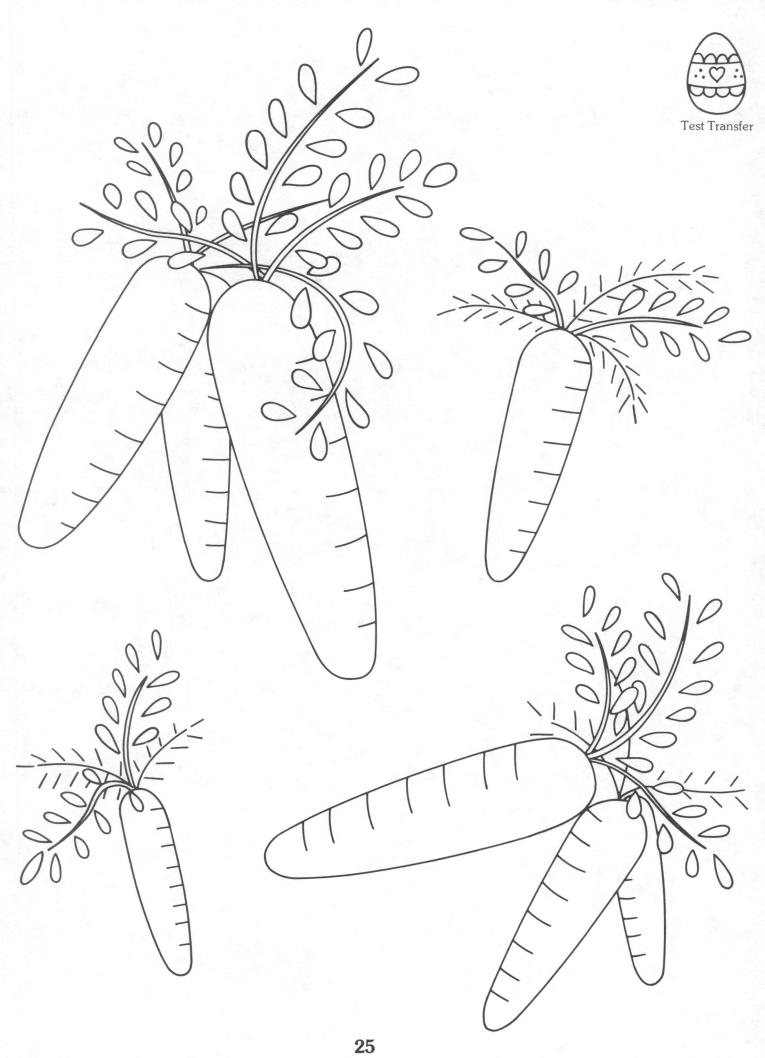

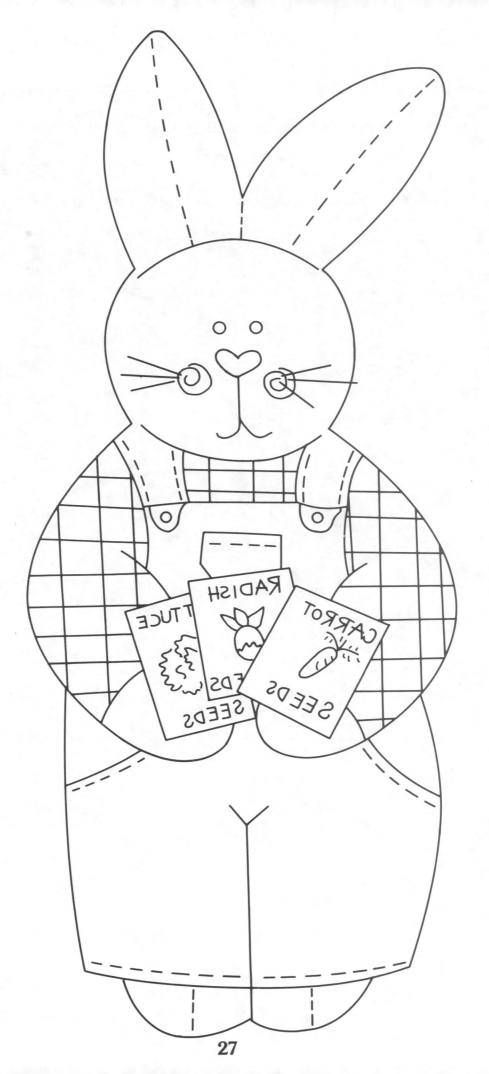

27

Test Transfer

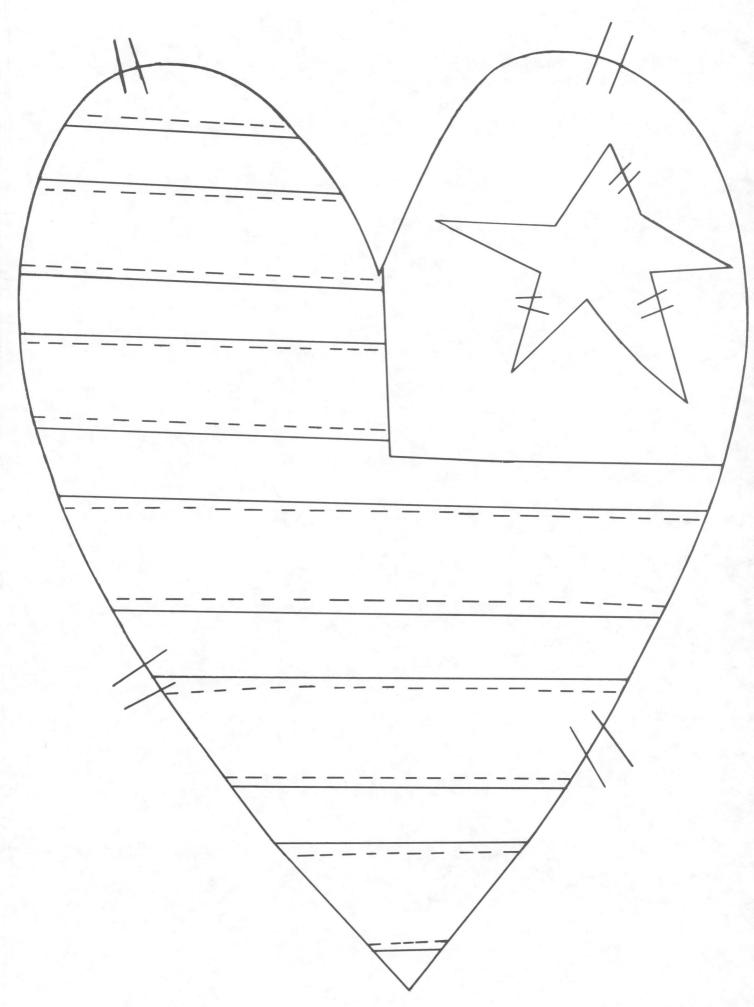

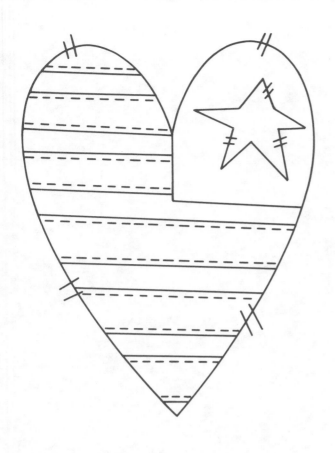

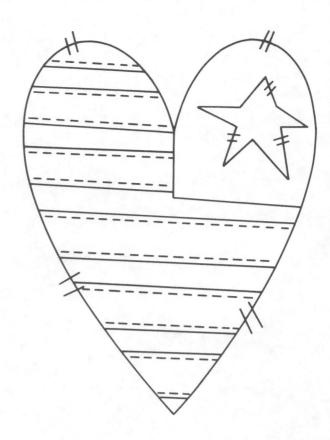

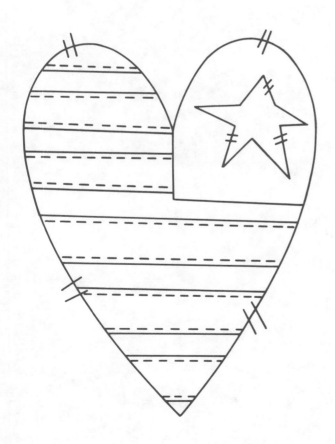

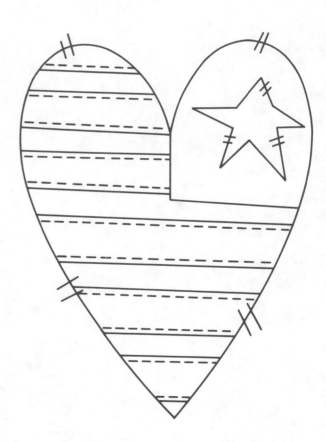

Test Transfer

31

GOD BLESS AMERICA

Test Transfer

Test Transfer

37

Test Transfer

38

Test Transfer

Test Transfer

Test Transfer

41

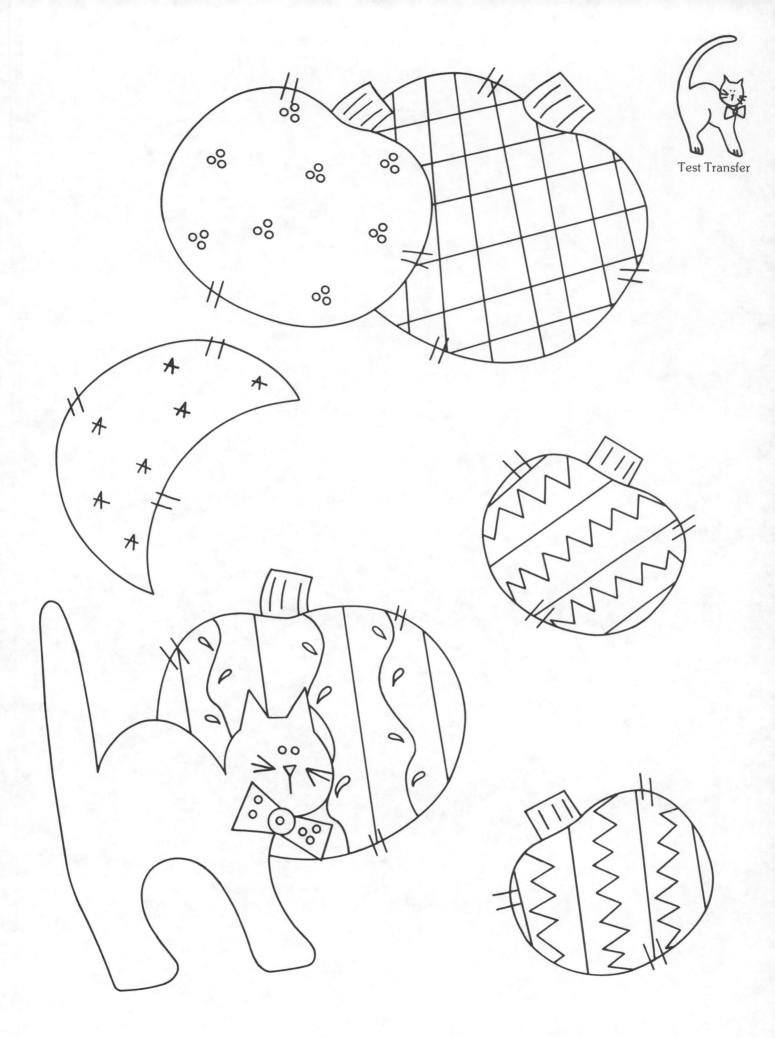

Test Transfer

Test Transfer

43

Test Transfer

47

Test Transfer

Test Transfer

50

Test Transfer

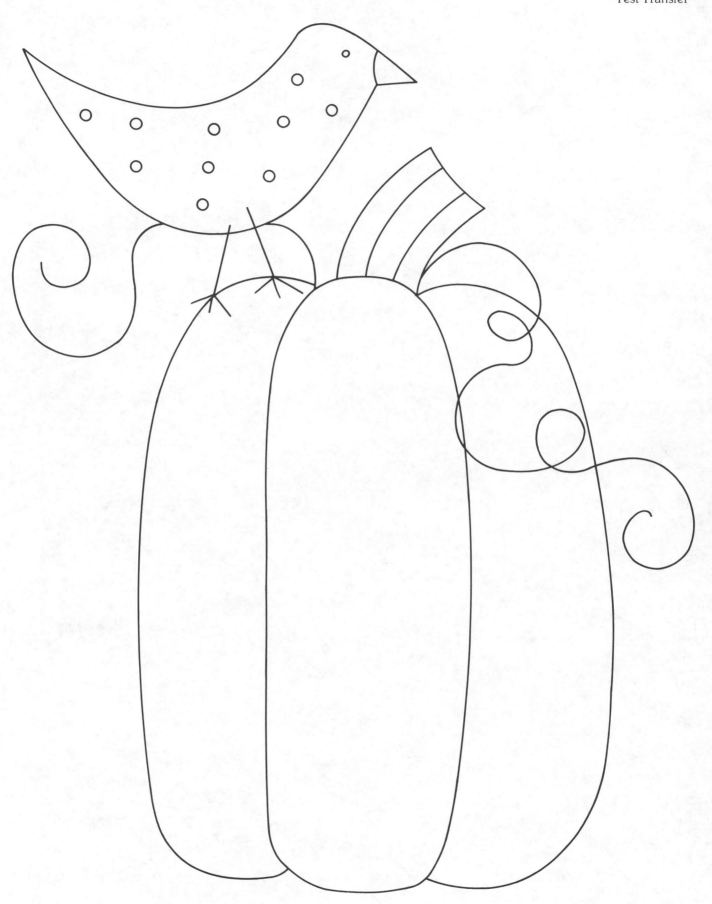

Test Transfer

Test Transfer

Test Transfer

Test Transfer

Test Transfer

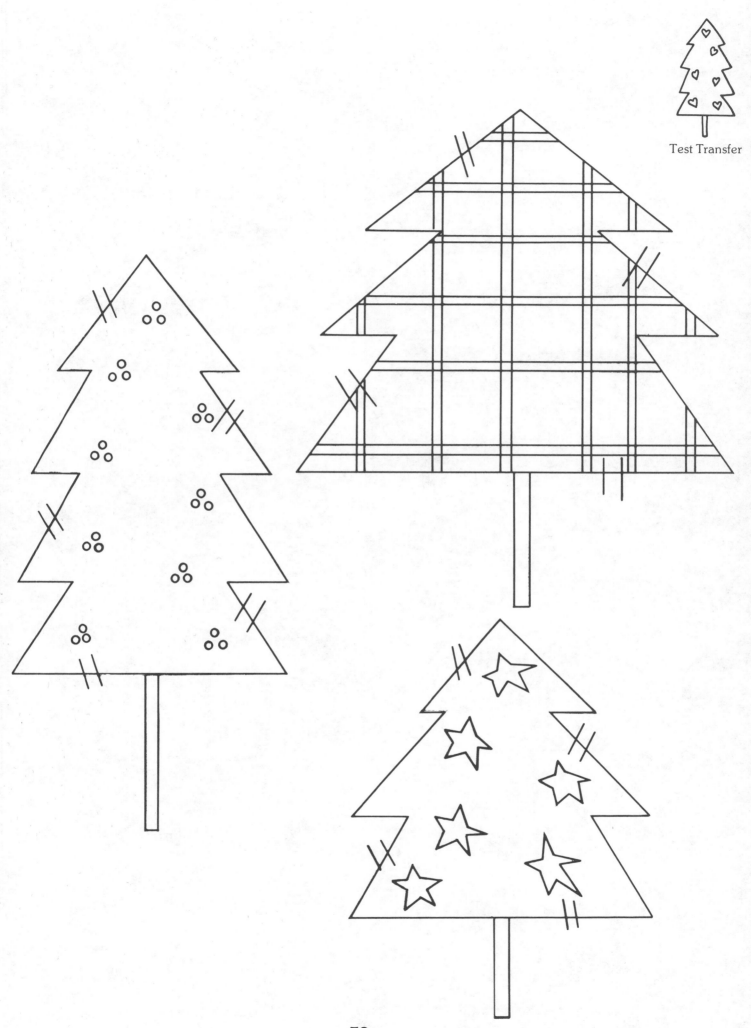

Test Transfer

Test Transfer

Test Transfer

61

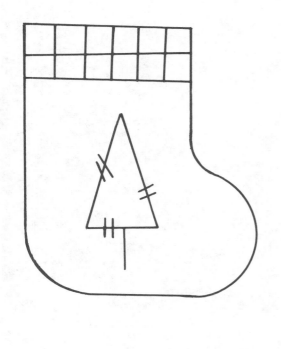

Test Transfer

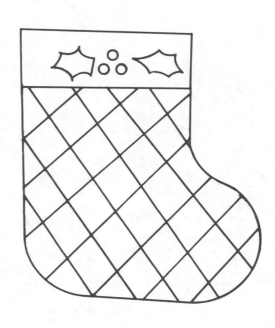

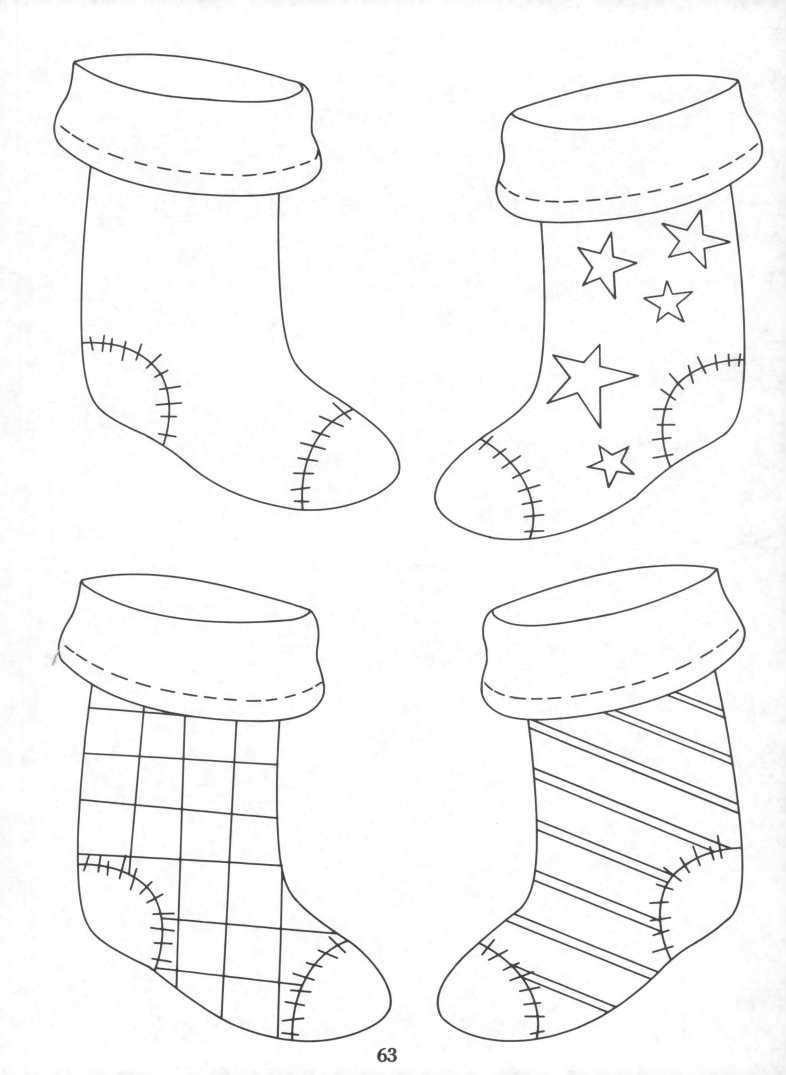

63

Test Transfer

Test Transfer

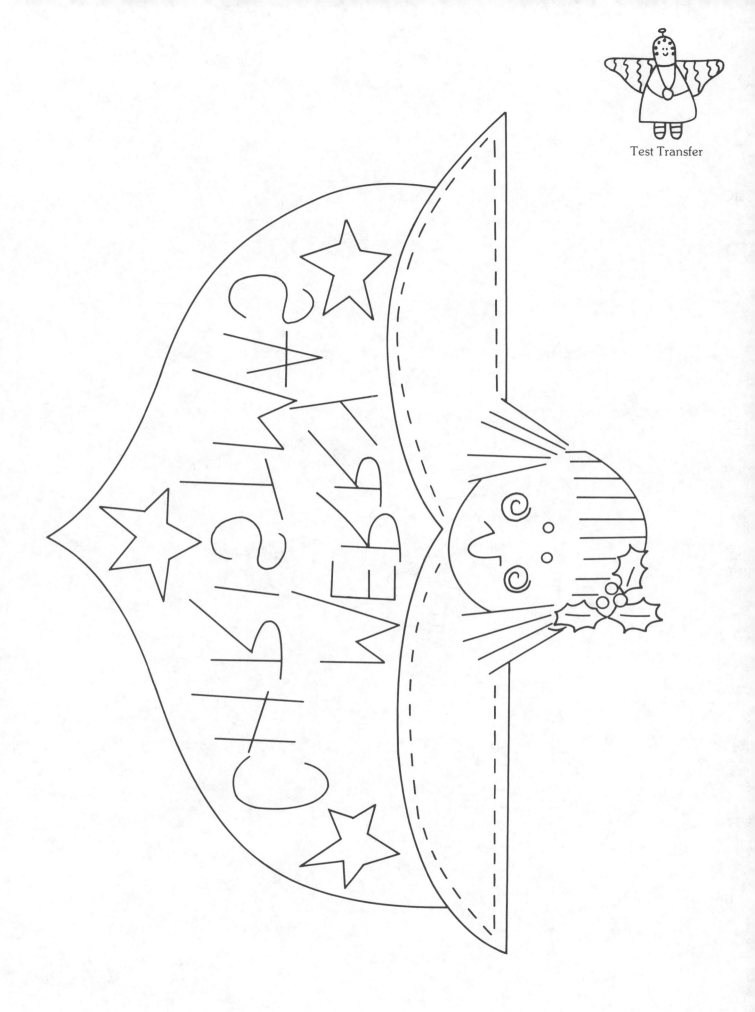

Test Transfer

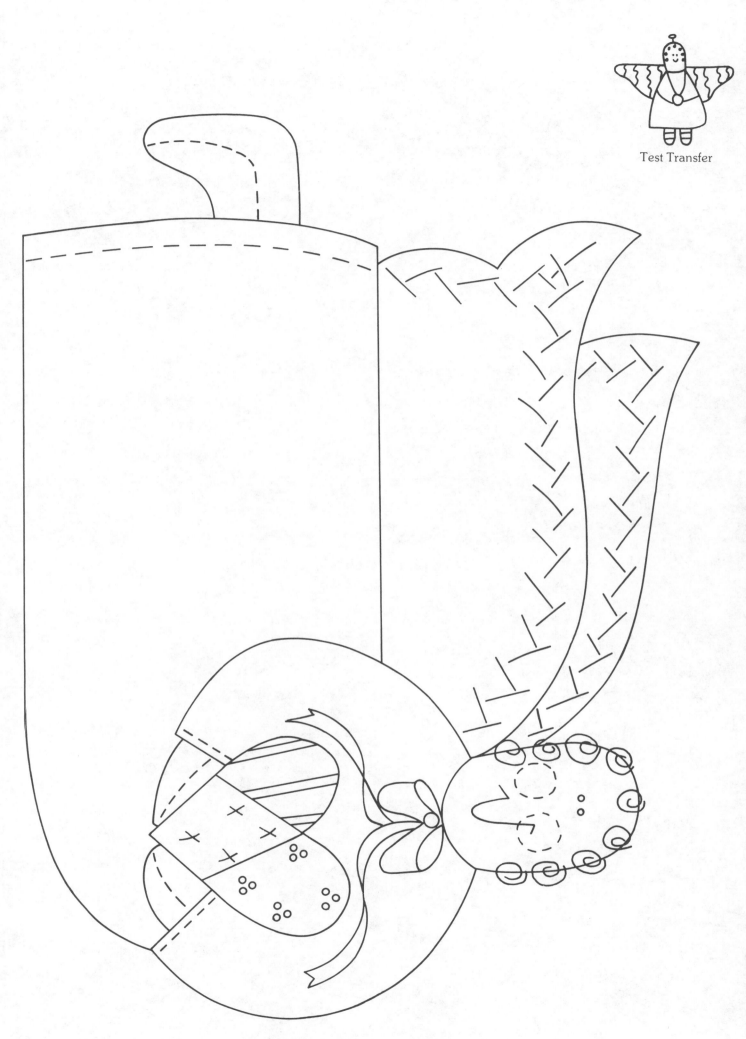

Test Transfer

Test Transfer

Test Transfer

72

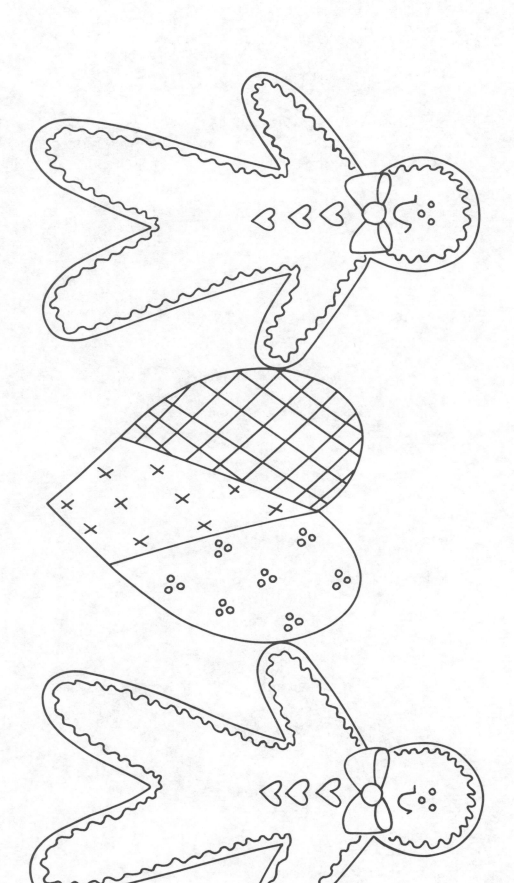

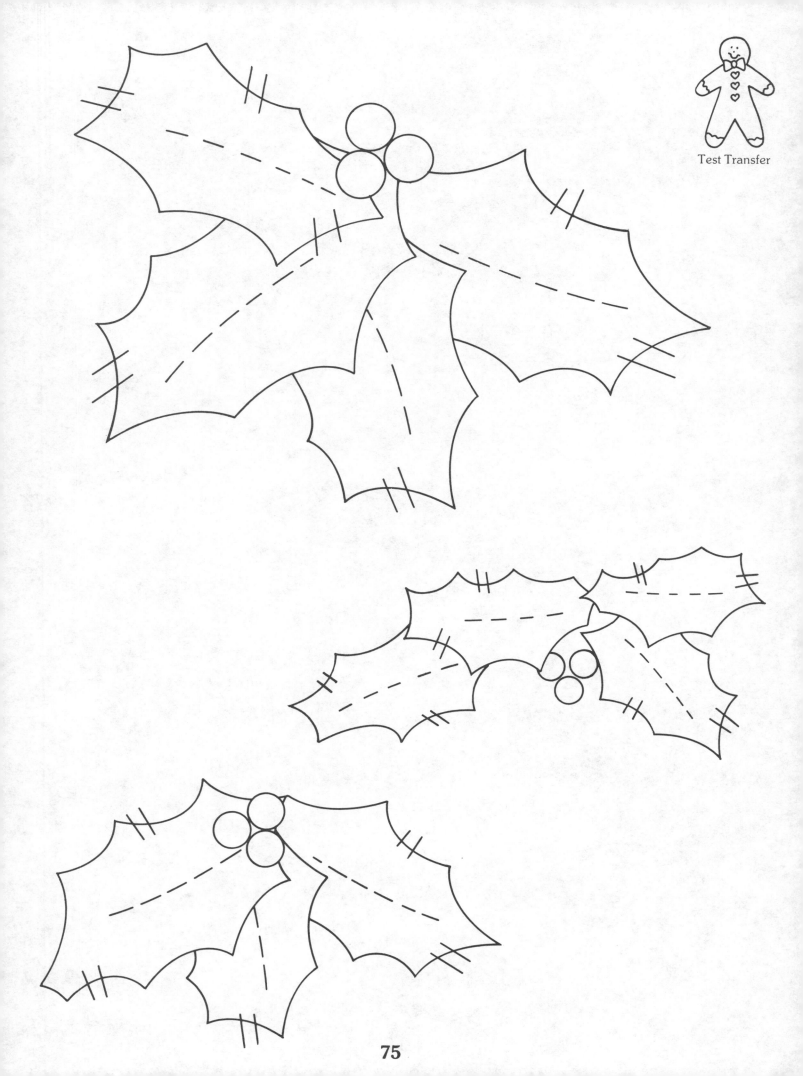

Test Transfer

75

Test Transfer

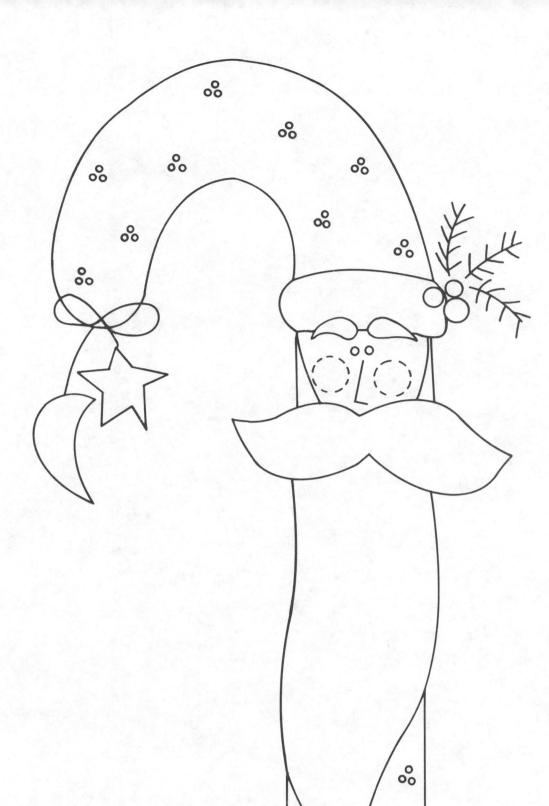

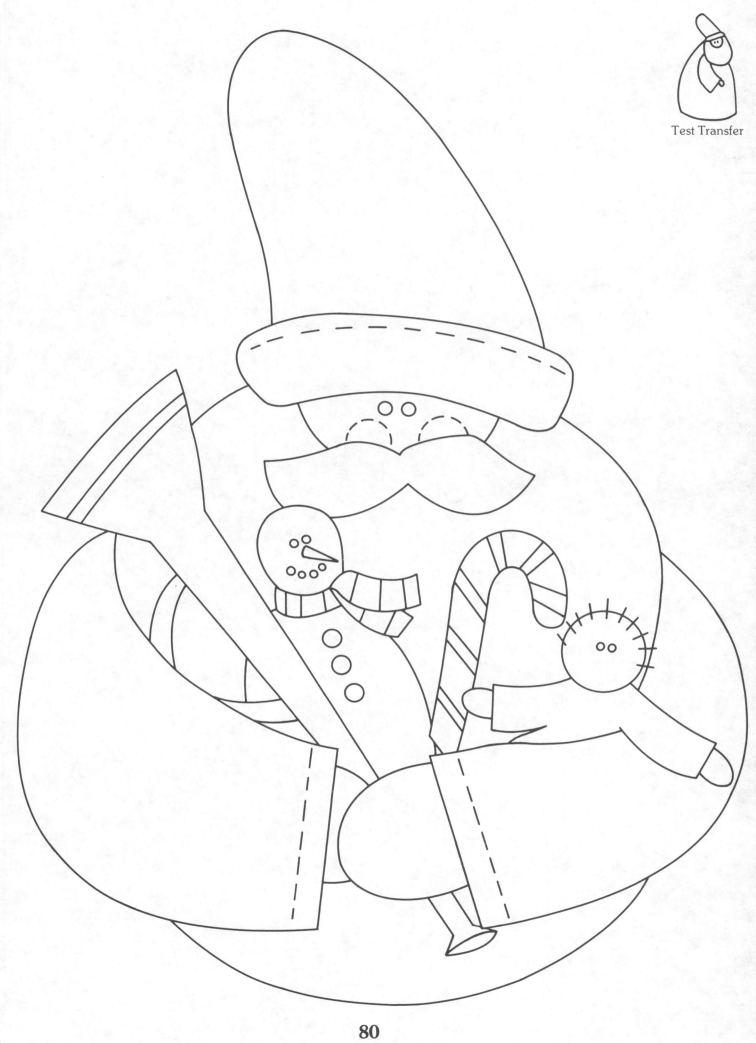

Test Transfer

Test Transfer

84

Test Transfer

Test Transfer

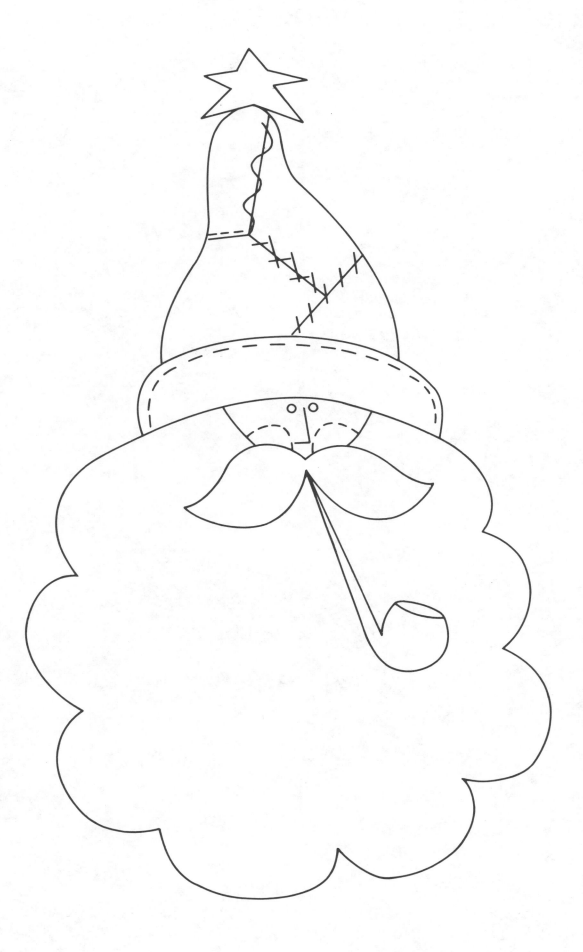

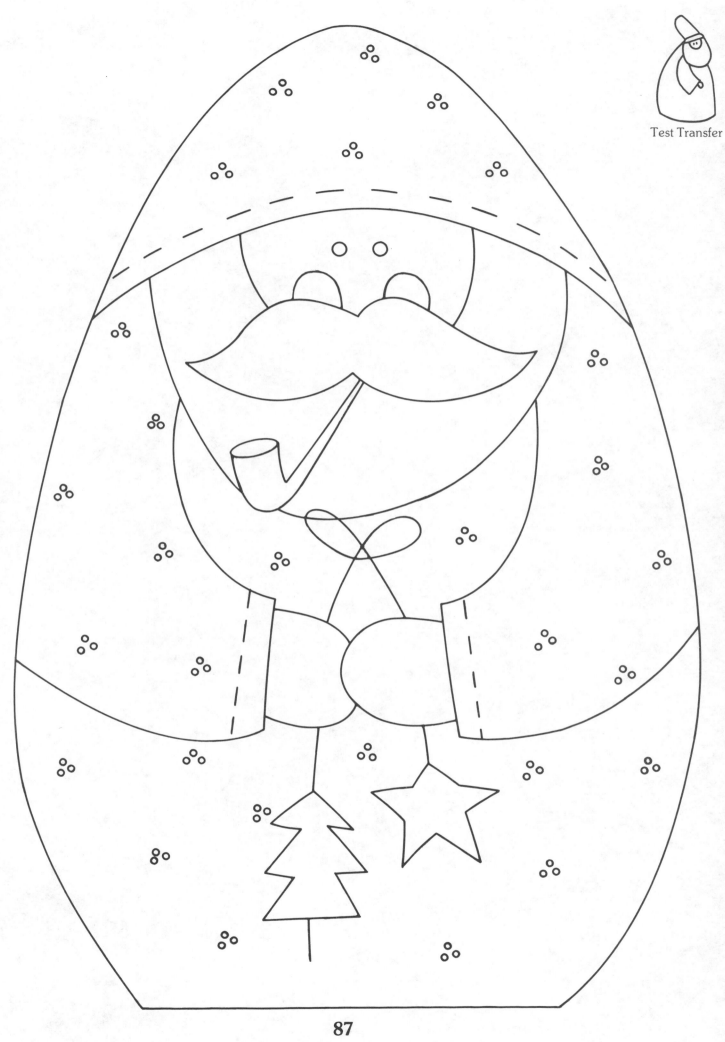

87

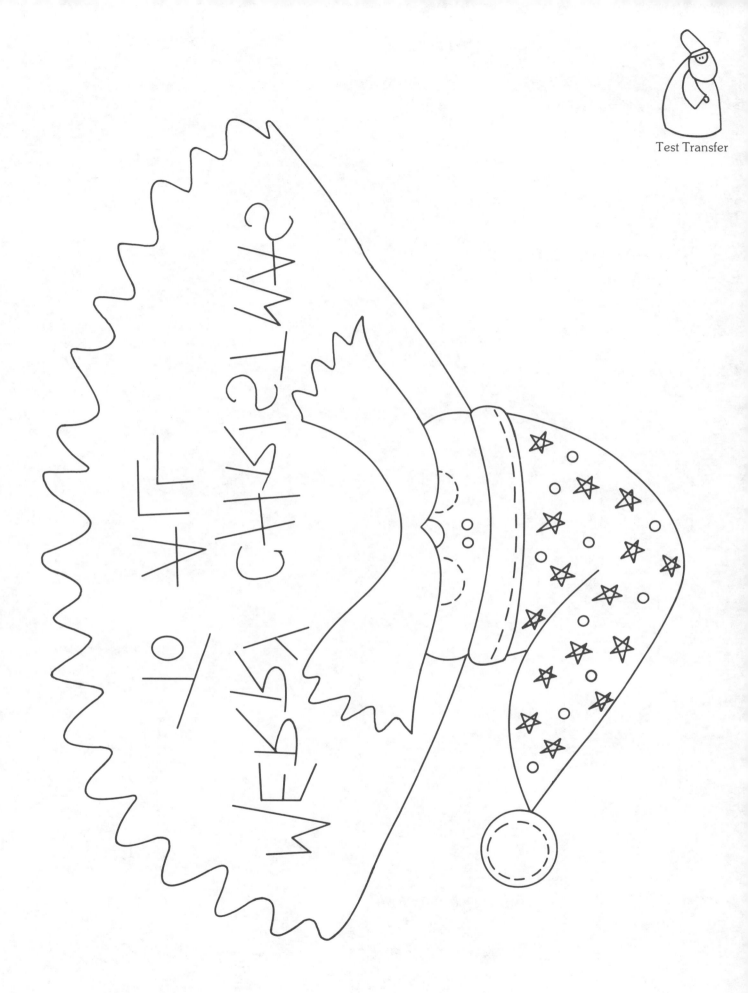

Test Transfer

Test Transfer

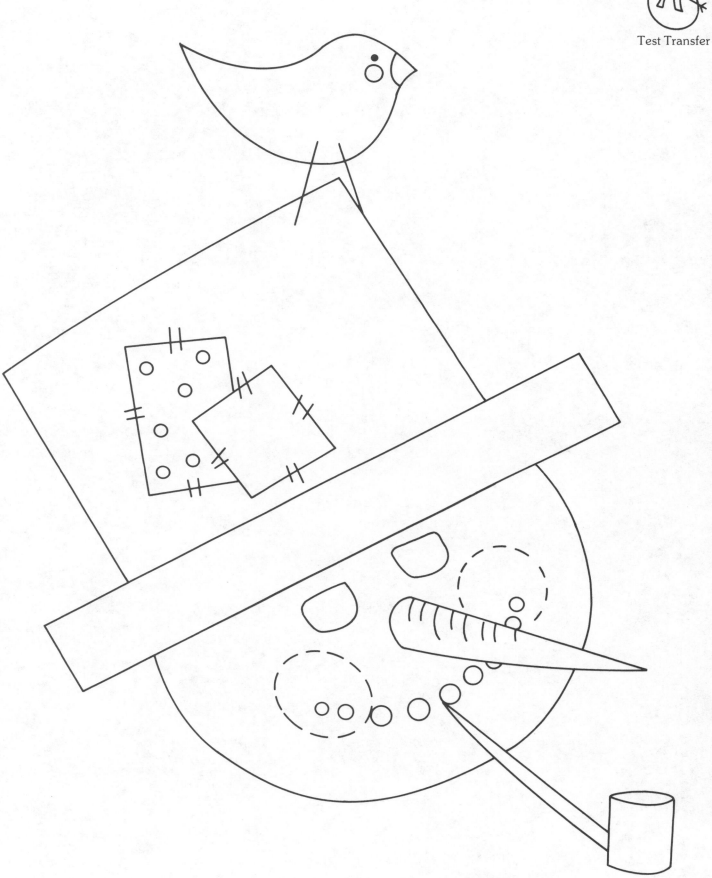

Test Transfer

Test Transfer

102

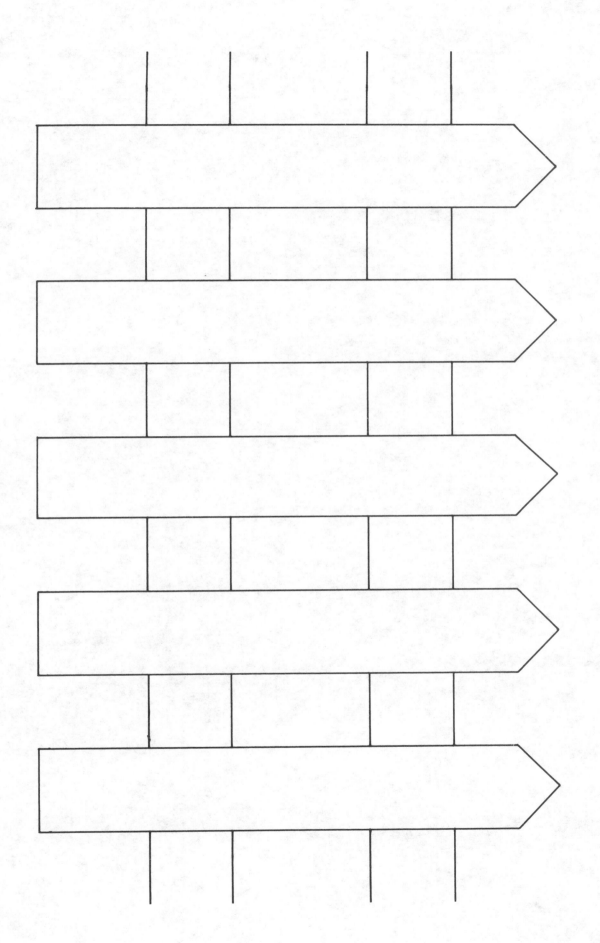

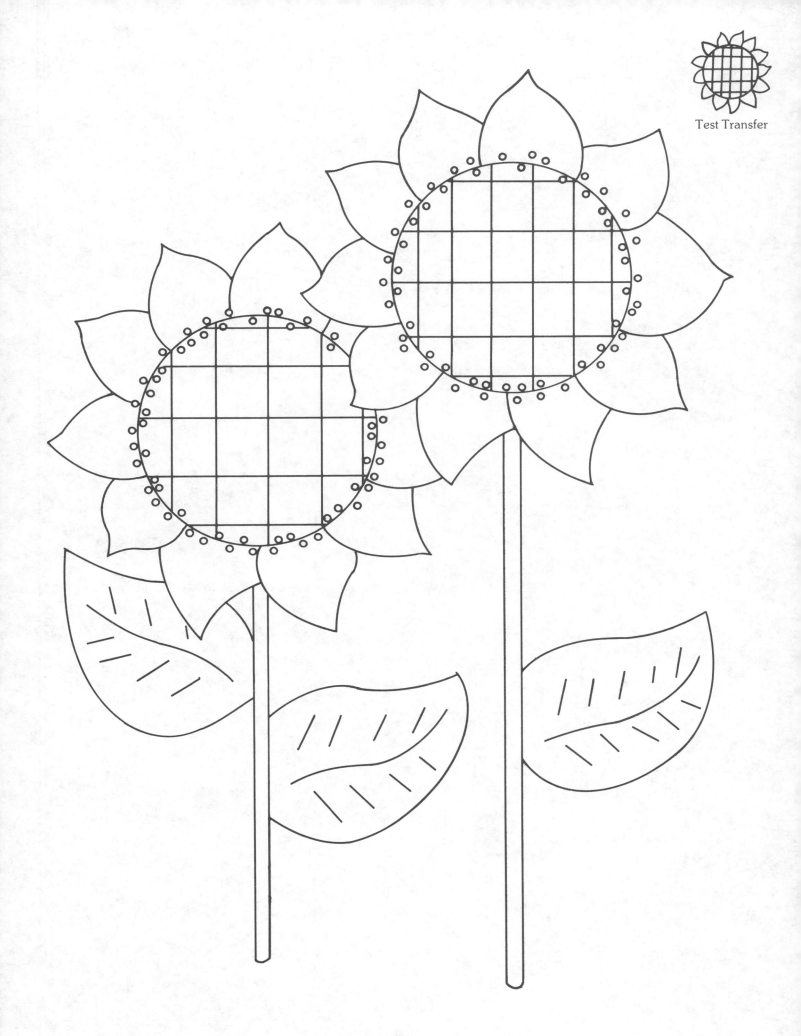

Test Transfer

Test Transfer

Test Transfer

Test Transfer

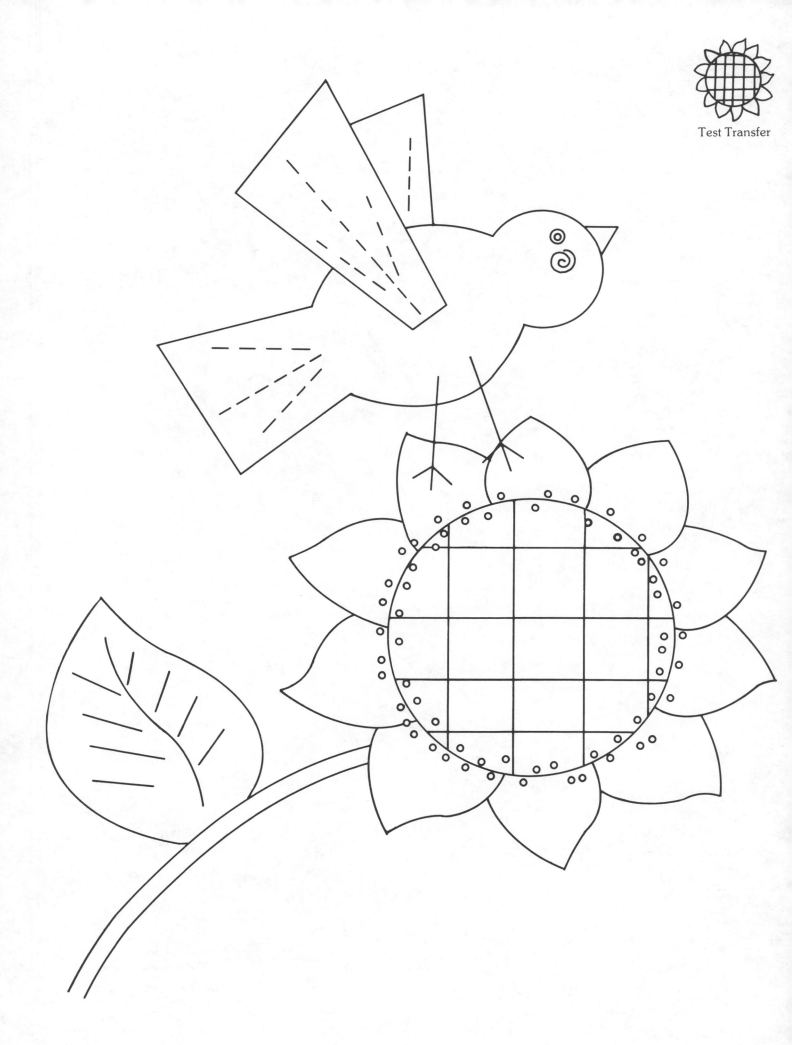

Test Transfer

Test Transfer

112

113

WELON PATCH

Test Transfer

Test Transfer

Test Transfer

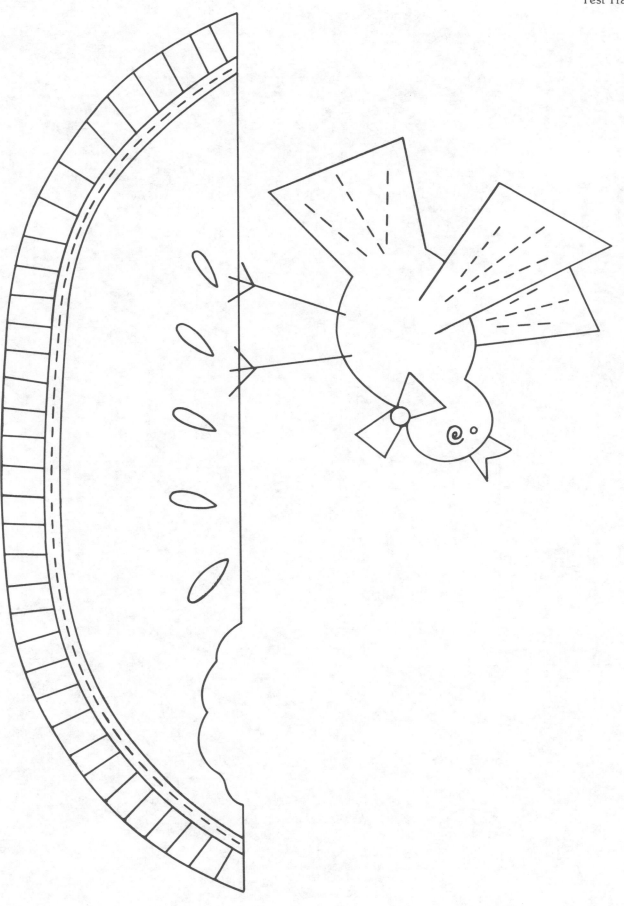

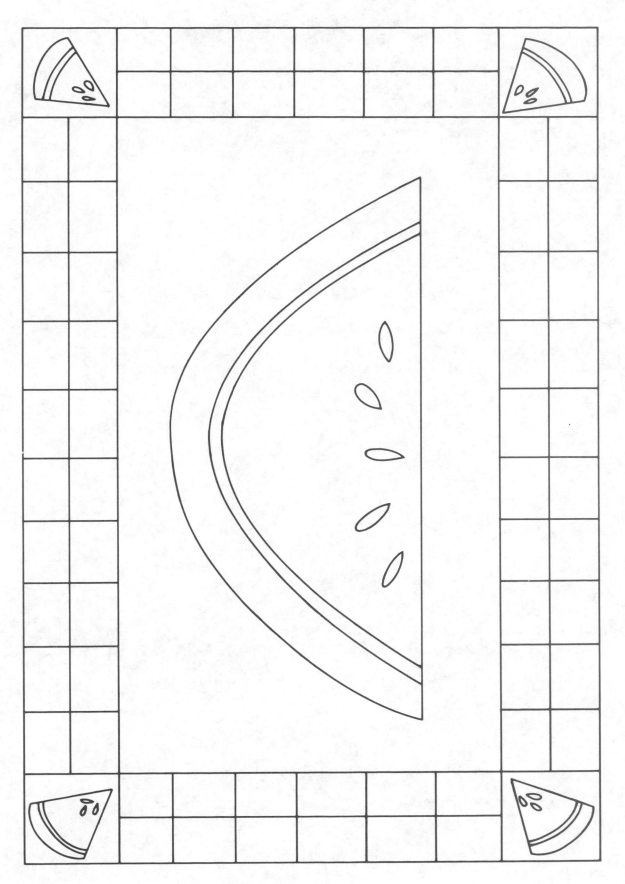

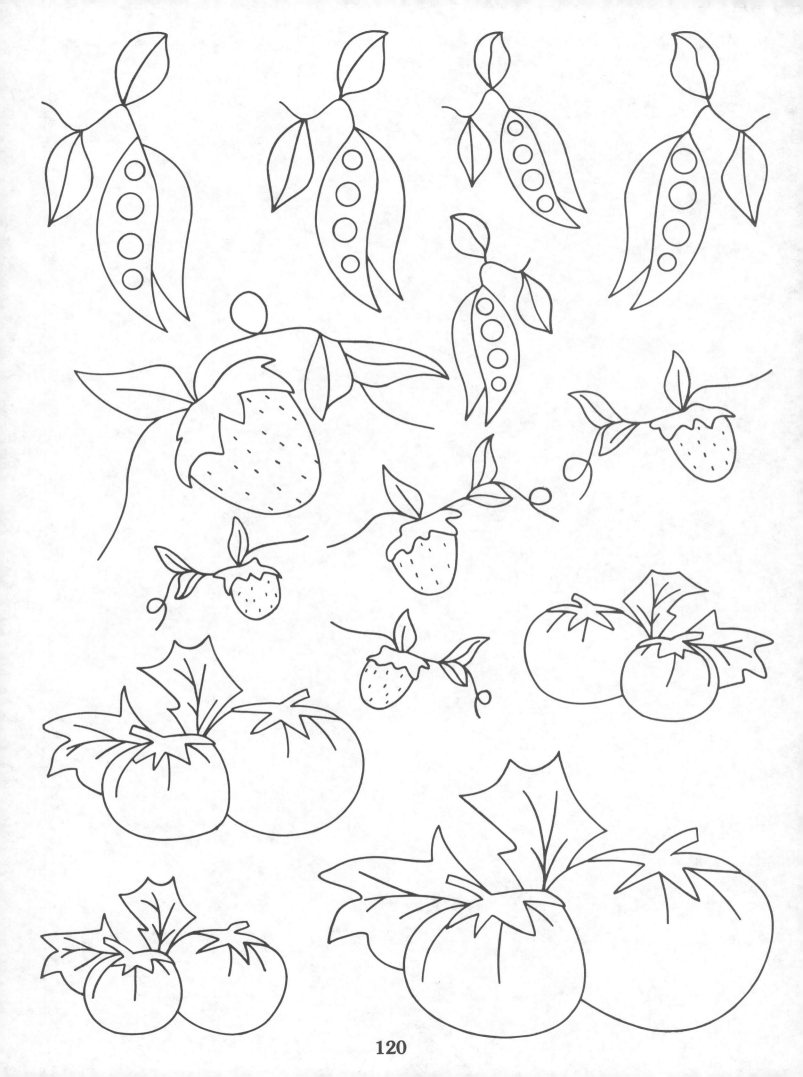

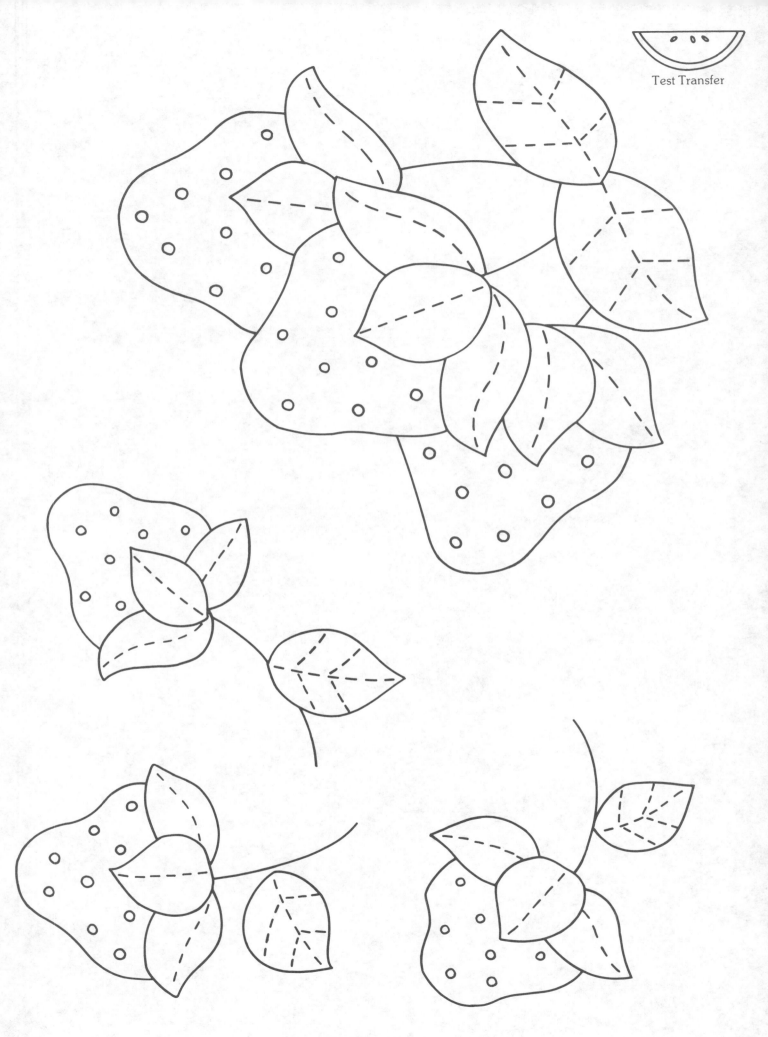

Test Transfer

Test Transfer

123

Test Transfer

Test Transfer

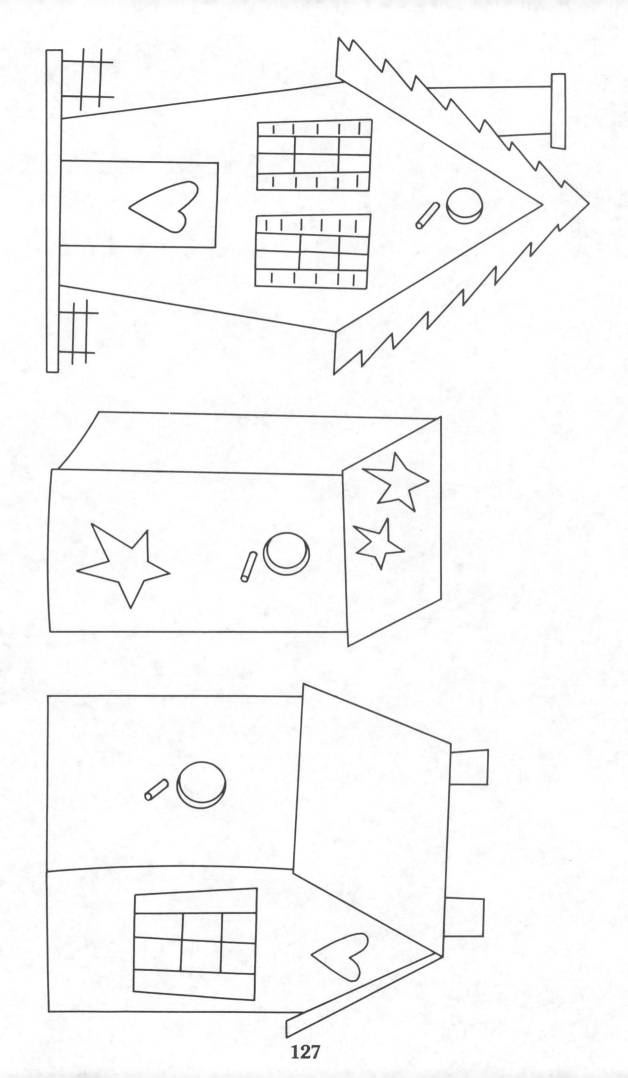

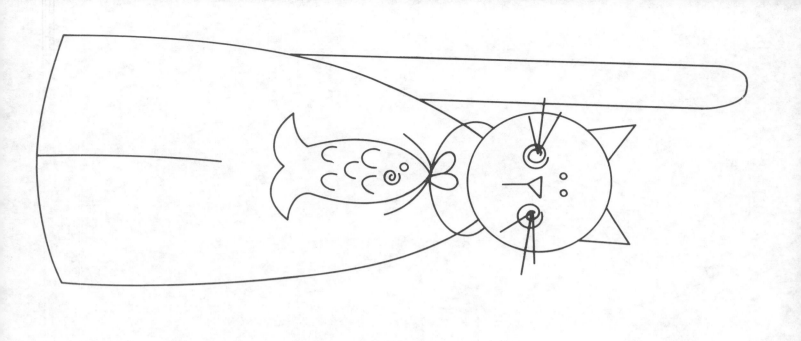

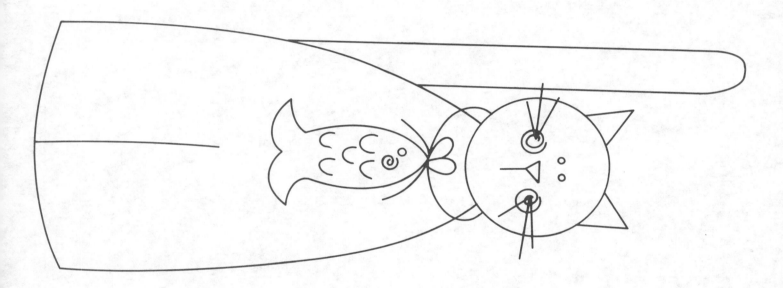

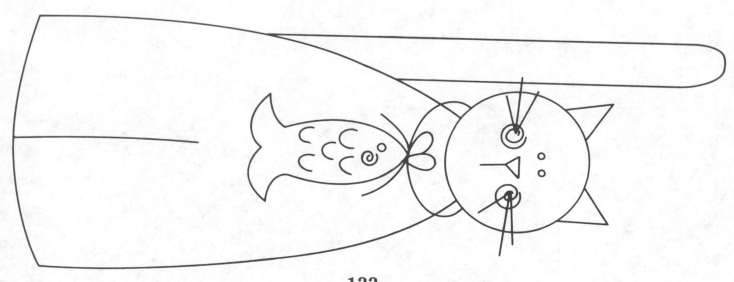

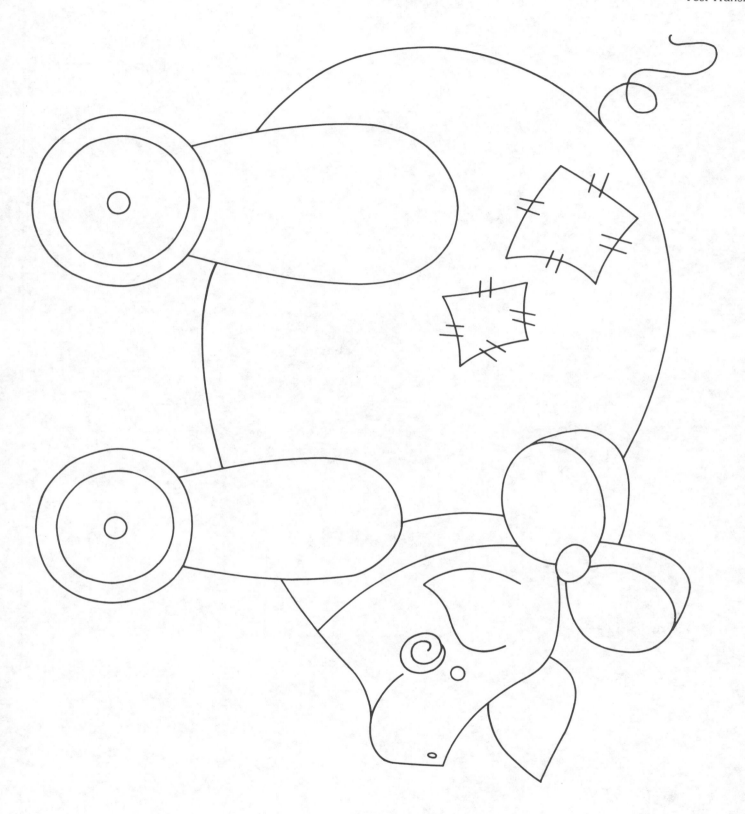

Test Transfer

FRESH MILK

Mercowe

TATTERED ; TORN ... LOVED ,BUT WORN

Test Transfer

140

Test Transfer

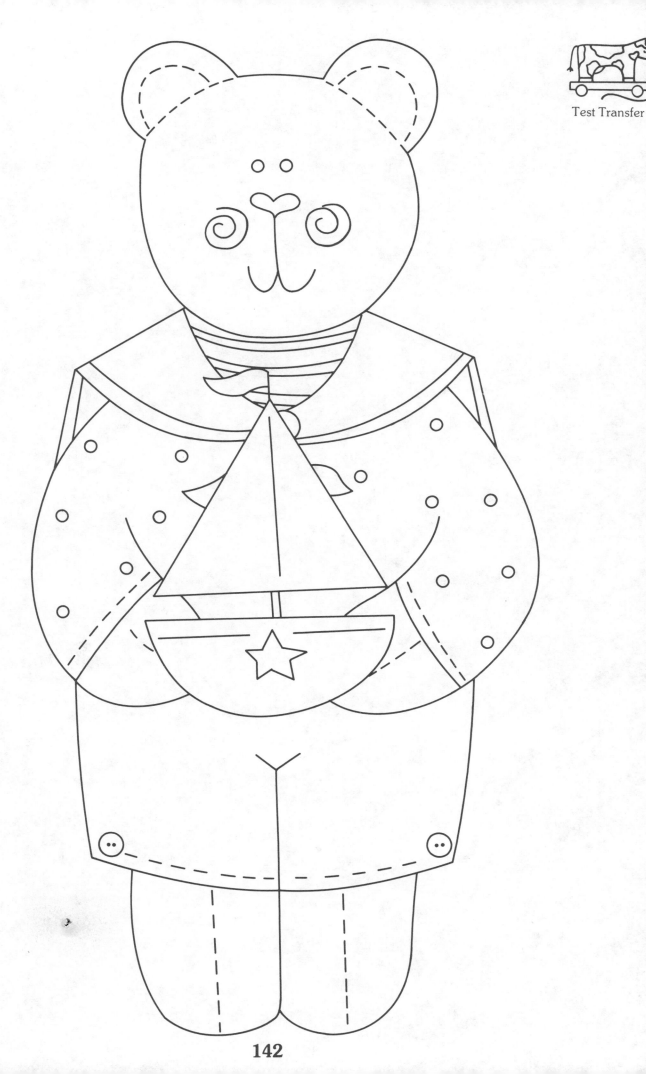

142

143

Test Transfer

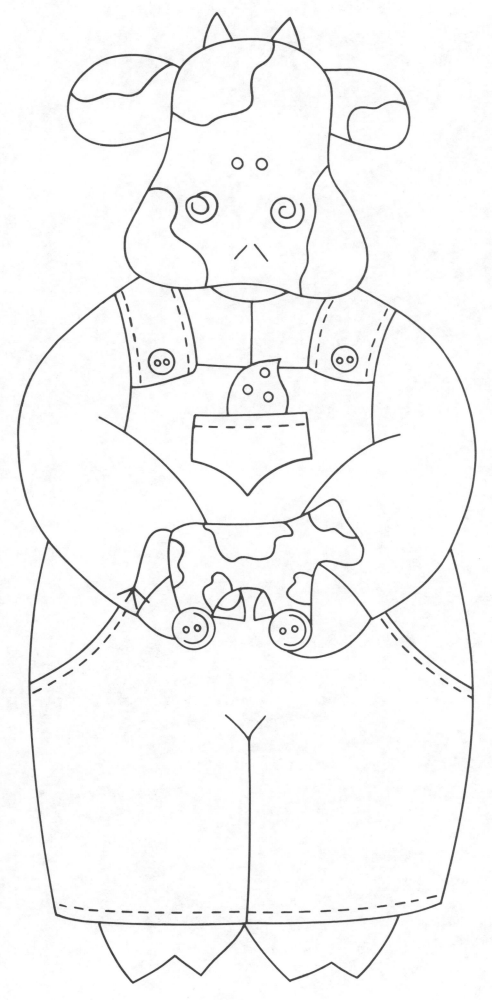

144

147

Test Transfer

Test Transfer

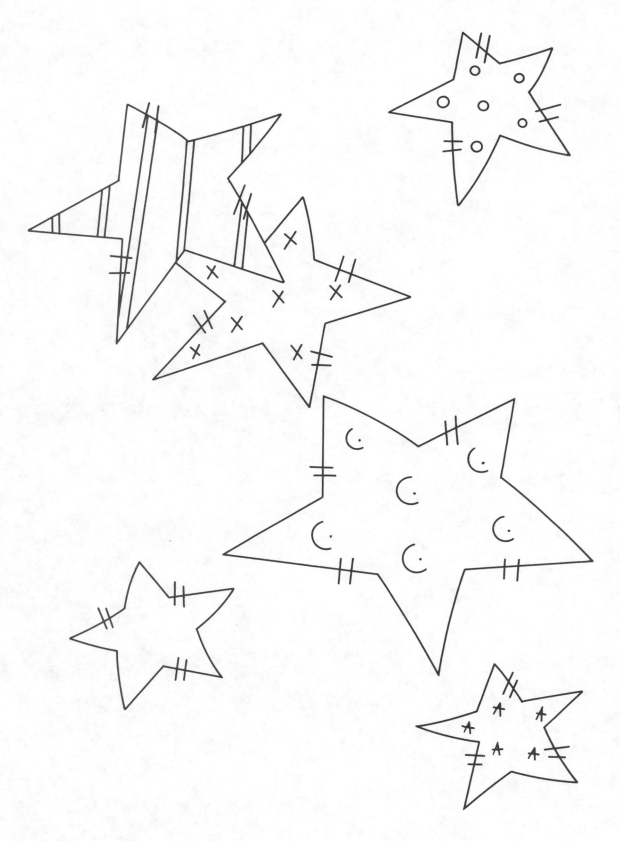

Test Transfer

Test Transfer

154

Test Transfer

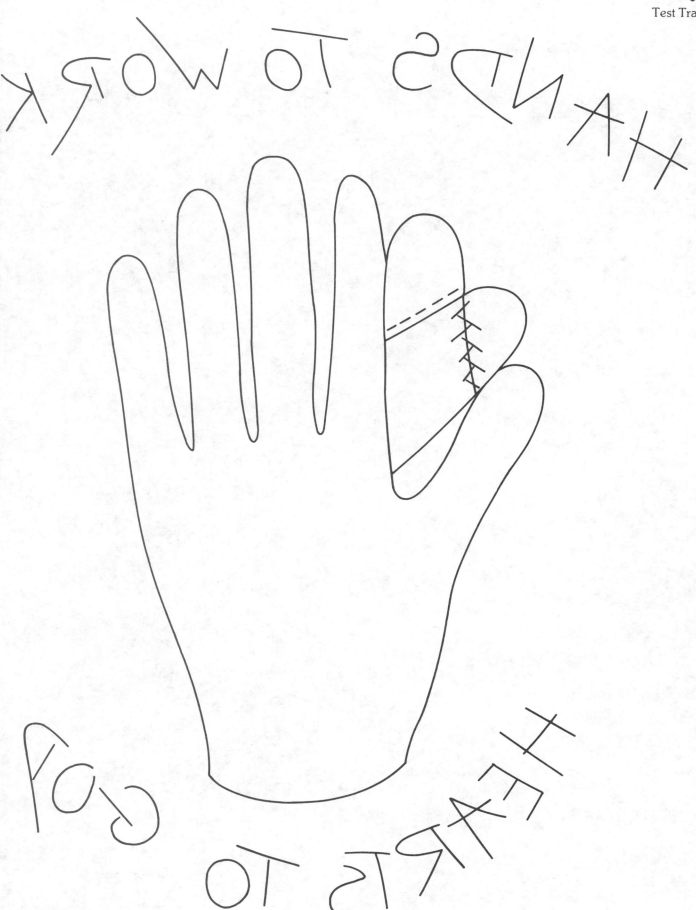

HANDS TO WORK

HEARTS TO GOD

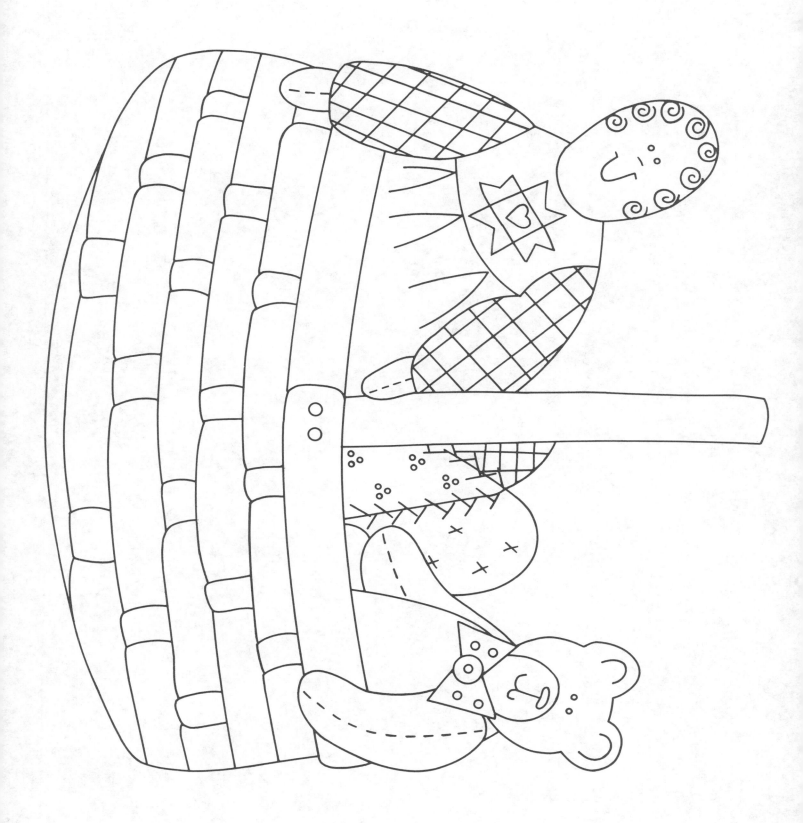